JN439225

결,

이 도서의 국립중앙도서관 출판예정도서목록(CIP)은 서지정보유통지원시스템 홈페이지(http://seoji.nl.go.kr)와 국가자료종합목록 구축시스템(http://kolis-net.nl.go.kr)에서 이용하실 수 있습니다.
(CIP제어번호 : CIP2019052112)

지혜사랑 214

결,

조성범

지혜

시인의 말

아직 허물을 벗지 못했다
숨이 막힌다
벗지 못하면 죽는다
살기 위해 또 한 권의 시집으로
허물을 벗어본다
글 속에 맥박이 뛰고 있는지
맡겨본다.

누가 알아주든지 말든지
그저 시인이고 싶었던 시간이 있었습니다.
행복했습니다.
이번 시집을 엮으며
성질이 다른 각각의 시를 보고
내 모습이 둘 또는 셋이라서
슬펐습니다.
처음으로 돌아간다면
다시 행복하겠습니다.

2019년 11월
조성범(득만)

차례

2부

3부

4부

5부

• 일러두기
한 연이 첫 번째 행에서 시작될 때는 > 로 표시합니다.

1부

상량

내 몸에는
둥글게 먹은 나이가 있습니다
살아도 둥글고 죽어서도 둥긂니다
오늘 100여 살의 나이로 상량을 합니다
먹으로 출생을 적고 한 집의 중심이 됩니다
서로의 바람대로 잘 지켜줄지 걱정이지만
무슨 산신령쯤으로 생각하지 마시고
웃음도 근심도 함께하던
마을 앞 당산나무 한 그루라고 여기세요
무슨 소리가 들립니까? 두려워 마세요
그럴 때 모여 등 토닥이던 곳이 나무 아래니까요
저 고택은 600살이나 된다고 하니
곳간 상여 타고 산에 오른 아버지들
나무만큼 많을 겁니다.
울룩불룩 둥글게 나이를 먹어갑니다
산마루 베고 누워 마을을 굽어봅니다
나도 그러합니다
지붕 아래 처마도리와 중도리를 걸고
이 집 마룻대가 되어 호상이다, 호상이다,
부고도 슬프지 아니하게
오늘부터 굽어 살피겠습니다

능선

한 고개 넘으면 또 한 고개
저걸 언제 다 넘노,
그런 길 지나며 아버지 등 휘었습니다
그런 길 지나며 어머니 허리 굽었습니다

몇 개의 봉우리를 넘었습니다
앞만 보고 오르다 돌아보지 못한 뒤
문득 돌아보다 소스라칩니다
산등성이 하나 아버지 등 같고,
산등성이 하나 어머니 허리 같아,

능선을 인생이라 치면
긴 이음으로 온 산 한 길이 됩니다
능선을 넘으면 간혹 눈물이 납니다
나도 그러하기 때문입니다

오르고 내리다 만난 하산 길 이정표
저걸 언제 다 넘었노,
긴 숨으로 풉니다

아버지

평지는 꿈도 못 꿉니다
위험한 곳이지만 일러 준 대로 갑니다
밑에서 큰 담쟁이 잎으로 받쳐주면
작은 담쟁이 파르르 한 손 뻗어 봅니다
직벽을 타며 붉으락푸르락
두려움에 적응하는 법부터 배웁니다
맨손으로 벽을 탈 수 있는
말도 안 되는 일이 지금 일어나고 있습니다
대충으로는 닿을 수 없는 끝에 이르자
파란 담쟁이 집 한 채 시선을 끕니다
욕망도 아니고 모험도 아닙니다
주어진 길에서 용기란 얼마나 장한 다짐입니까
내게 관대하지 않았기에
잠깐의 실수도 용납되지 않는 벽에서
담쟁이,
아찔한 세상 담담히 굽어보며
천 개로도 만 개로도 부족했던
아버지의 심장 닮아갑니다
보세요 작은 바람에도 일제히 뛰는
저 잎의 박동을,

오늘이라는

어둠의 실마리를 찾으려
풀어도 풀어도 끝이 없는 시간을
풀었다 감았다 밤새 누에 집을 지었다
진사는 누에의 깊은 잠에서 나온다면
네 번의 잠을 자고 뽕잎에 오른 오령의 누에에게
잠은 단지 경험이었을까,
난 몇 번의 잠에서 가장 빛나는 섶에 올라
꿈의 나래를 펼까,
누에처럼 나를 가릴 커튼을 짰다
잠에서 벗어나는 것이 탈피라면
어둠은 탈피의 과정
해가 있는 밤은 없다 캄캄한 아침도 없다
밤새 짠 커튼을 젖히자 네 번의 잠을 자고
섶에 오른 누에의 기상처럼
추릇! 명주 빛으로 풀리는 아침
365번의 어둠을 걷고 끈적한 기지개를 켠다
잠이 깊었는지 많이도 감겼다
백야 같은 고치실을 푼다

구멍 대 구멍

엿치기,
지금은 없는 놀이지만
서로 엿가락을 부러뜨려
구멍이 큰 쪽이 이기는 내기다
작은 구멍을 조금이라도 더 키우려고
부러뜨릴 때 입으로 힘껏 바람을 분다
속이 꽉 찬 엿가락 속에는 구멍이 없다
바람 들 리 없다
실속이 없으면 구멍도 크다
쉽게 바람이 든다
엿가락을 들었다 찻! 훗!
부러진 엿 구멍이 더 커졌다
엿장수 옷소매가 헐렁하다
평생 바람만 들락거린
가난한 자의 구멍은 큰데,
작은 구멍이 승자의 관문인데,
저 헐렁한 소매로 큰 구멍이 이긴다고
쌍 가위질 소리 요란하다

부재

누이는 자면서 가끔 잠꼬대를 했다. 오라이! 스톱! 하빠리 노동이 어떤 각오였다면 04시의 입김으로 손을 녹이는 일은 견딤이었다. 땅! 땅! 철판을 두드리던 그 파리한 손등을 녹여주랴,

정원이 없는 마이크로버스, 등하교 때면 차 문에 매달린 누이의 등이 곱사등처럼 휘었다가 불룩 배가 튀어나왔다. 우리는 모두 한 몸인 양 섞였다. 각자의 몸에서 독특한 냄새가 났다. 누이의 몸에는 풀 비린내가 났다. 풀을 깔고 앉았을 때 났던 냄새, 난 그 풀이 다시 일어선다는 사실을 내가 어른이 되고 몇 번의 쓰러짐 끝에 알았다.

나보다 나이가 많았을 것이라는 추측은 빗나갔다. 그동안 사고가 나지 않은 게 이상했다는 신문기사에 한 노동자의 나이와 직업이 실렸다. 차장, 열여섯. 나는 고등학생이었다. 그런 슬픔에 관심도 없이 찬 도시락 김치냄새가 불만이었다면 누이여 어떤 용서를 구하랴,

가끔 꿈을 꾼다. 누이의 시간을, 아무나 따라할 수 없는 구호와 놓치면 끝이라는 암시. 이런 일이 우리를 견인할 힘이라면, 누이여! 그 파리한 시간을 되돌려 주랴, 시대여! 이 강인한 영혼의 부재를 되돌려 주랴, 그러면 세상이 탄탄하랴,

* 하빠리(하바리의 방언): 품위나 지위가 맨 아래인 사람을 얕잡아 이르는 말.

빈 둥지

아가, 엄마는 새처럼
손수 집을 짓지는 못하지만
사랑으로 지은 집이 있었단다
새집과는 비교도 안될 만큼 크고 예쁜 집이었지
하지만 너희들이 크면서부터 조금씩
조금씩 작아졌고 지금은 그 흔적만 있어
한 올 한 올 가지를 물어다 둥지를 짓고
제 몸의 털을 깔아 새끼를 기르는
어미 새의 꿈은 새끼가 둥지를 떠나는 거야
떠나 이 산 저 산 메아리가 되게,
그래서 산! 하면 먼저 새소리가 들려
너희가 내 품을 떠날 때 엄마는
사랑으로 지은 집을 가슴 한쪽에 둘 거야
그래서 집! 하면 제일 먼저 엄마가 보여
내 가슴을 봐 털이 하나도 없지
저 둥지 안을 들여다 봐

누군가에게로 갔으면

손 발 얼굴 없는 마네킹에 입힌 옷 세 벌, 오늘도 그대로다. 밤이면 무서울 수도 있겠다는 생각이 들었다. 아니 더 무섭다고 느낀 것은 옷을 팔아 생계를 잇는 싸늘한 기운이었다

차 한 대가 지나가자 아이의 소매가 움직였다. 영혼은 몸과 별개라면 이 동작은 무얼 뜻하는 것일까, 또 다른 차 한 대가 빠르게 지나간다. 옷 세 벌이 바람을 탄다. 아이들은 온 힘을 다해 뛴다. 제자리다

아무리 발버둥 쳐도 제자리만 맴돌던 때가 있었다. 내 그 일이 저 아이들의 간절함만 같아 어서 누군가에게로 갔으면 좋겠다고 생각했다

얼굴을 그려 보았다.
분명하지는 않았지만 3살, 5살, 7살
아직 세상을 모르는 비슷한 또래의 아이였다

옷가게 주인은 필시 돈이 없든지 장사꾼 안목이 없다. 한적한 곳이라도 아이를 세우면 관심을 끌 수 있지 않을까라는 그런 순수였다면 기다려 보자. 옷 세 벌이 오늘도 그대로다. 마침 노란 봉고차 한 대가 지나간다. 아이들이 따라 뛴

다. 다시는 돌아오지 않을 것 같은 예감이 든다. 운 좋은 그 날처럼

묘박지에서

어머니
배를 타면 참을성 하나는 배운다지요
어류처럼 돌다 낯선 기항지에 정박을 하면
베링해에 내렸던 유빙같은 닻을 내리고
죽을 뻔한 항해에 안도를 하지요

여기 묘박지에는 한류 난류를 거슬러 온
배들의 상처가 아무렇지도 않은 듯 떠있습니다
곧 통선이 올겁니다
저는 아픔을 참기 위해 잠시 육지에 올라
평생 어물전을 지켰던 어머니를 담겠습니다

선창에는 바다의 유전을 잊고 싶은
검은 얼굴들이 파도처럼 일렁입니다
저는 강인한 바다의 소리
"갈치 사이소" "고등어 사이소" 이 말을 담습니다

가슴이 뭉클해지면
인내를 가늠하는 대양에서 밤마다 노루가 되어
눈 덮인 옛집을 두런두런 살피는 꿈에도
아무렇지도 않은 듯 참고 떠다닐 겁니다

>

남항 묘박지에는 격랑의 바다가
어머니 품인 듯 파문도 없이 반짝입니다

* 묘박지: 다음 항해를 위해 배가 잠시 쉬어가는 물결이 잔잔한 해안.

걱정
— 섣달 그믐밤

얘야 오늘 밤은 잠을 자면 눈썹이 하얗게 센단다. 그 말씀에 잠이 무서워, 눈썹이 세면 어떻게 되나요? 아주 늙는단다. 아이는 어머니가 깜박 잠이 들까봐 잠을 잘 수 없었습니다

아무도 오지 않을 그런 밤인 줄 알지만 어머니는 무얼 상기하듯 자꾸 창을 바라봅니다. 눈이 옵니다

조왕선 설화의 삼시충 보다 무서운 잠이 쏟아집니다. 아이는 잠깐, 아주 잠깐 선잠이 들었는데 꿈에 눈썹이 까만 사람에게서 하얀 엽서를 받습니다. 엽서에는 까만 이름이 적혀있습니다. 깜짝 놀라 일어나 거울을 봅니다. 아이의 눈썹은 아직 그대로입니다.

날이 새면 독수리도 없고 이리도 없는 설 이야기로 밤을 보낸 어머니를 따라 산소에 갈 겁니다. 아버지, 다행히 어머니는 잠을 자지 않았습니다.

용소

꽃길 따라 계곡만
거쳐 온 것이 아닙니다
천길만길 절벽으로 떨어져
으스러지기도 하고
천형의 시간처럼 울툭불툭 언 줄기
삼동 다 가도록 온몸에 새기고도 살았습니다
용소 하나 생겼습니다
얼핏 보면 절경이지만 퍼런 멍자욱 깊습니다
용소에는 숱한 이야기가 있지요
주로 이전의 것이지만 웅덩이로 떨어지는
물줄기에서 지금도 이 골 저 골 해매는
짐승소리 들립니다
저 물속 차마 들여다보기 두렵습니다
침묵과 아우성 그리고 피우지 못한 일
차라리 한 폭의 풍경으로 담고 있는
가슴 깊은 곳입니다

대설주의보

눈을 뭉쳤다. 생각하는 눈사람은 컸지만 겨우 작은 눈사람을 만들었다. 목도리를 풀어 차가운 목에 감아주었다. 곧 돌아갈 것이라는 걸 알기에 굳이 외투는 필요치 않았다.

눈을 만지며 영하의 고통과 곧 아무렇지도 않게 되는 겨울의 경험을 쌓는다. "잘 있었어?" 아이는 동화를 읽는 방법을 이미 알고 있었다. "기다려" 두고 가기 싫었지만 같이 갈 수는 없었다. 밤이 왔다. 잠이 든 아이는 햇살의 부피만큼 눈사람의 크기가 줄어드는 모습을 가만히 지켜보았다.

눈이 그치고 파란 노을이 떴다. 아이는 굴려도 더 이상 크지 않는 눈을 보며 차츰 봄에도 눈사람을 만들 줄 아는 어른이 되어 갔다.

벚꽃이 날린다, 눈을 뭉친다, 촛농이 된 눈의 흔적에 눈사람을 세운다. 여전히 생각 속 눈사람은 크고 아버지를 만들던 겨울은 따뜻하다. …그런데 눈은 왜 추억에만 익숙할까, 60년 만에 대설주의보다. 눈이 없는 겨울은 진짜 춥다.

인생 열차

행사장 야외무대 위에서 늙은 무명가수가 노래를 부른다. 드문드문 앉은 사람, 빈자리의 모습을 이빨 빠진 잇몸이라 치면 무명으로 늙어버린 나에게는 전과 지금, 나중을 볼 수 있는 일석삼조의 시간이다. 열창을 한다. 쉽게 꽃이 떠올랐다. 다시 꽃을 피우겠다는 것인지 마른 꽃대처럼 몸을 흔든다. 다음은 매직쇼, 마술사가 손으로 장미꽃을 피우고 또 피우고 새까지 날린다. 박수가 터진다. 단 한 명의 관중이라도 저 늙은 가수의 노래를 들어준다면, 저 늙은 마술사의 트릭에 넘어가 준다면, 이 빠진 자리 대수롭지 않다. 마술사가 낙엽 몇 장을 날렸는데 개나리도 피고 소쩍새도 울었다. 인생이란, 서로 다른 사람이 한 열차를 타고 한 방향으로 떠나는 여행, 지금 저 황혼의 무대를 지난 시간의 재현이라 치면 젊다. 마술사가 신문지를 길게 말아 기합을 넣는다. 건장한 불사조 한 마리 무대 위를 난다.

왜, 이러고 있는지

왜 이러고 있는지
알고 나면 미안합니다

내 자리는 내 것이지만
내어 줄 때 누구든
편안하다 합니다

내어준 두어 평 땅자리가
얼마나 편안하면
바위는 맨땅에 주저앉아
평생을 삽니까

그곳에 펼쳐둔 두어 평 돌 자리가
얼마나 편안하면
산에 오른 사람들이
마루처럼 씁니까

내 자리 내가 앉아
돌아서는 사람들

2부

결

세상 모든 것에는 결이 있다
물결, 바람결, 마음결,
하물며 돌 한 덩이에도 결이 있다
돌을 쪼며 결을 알았다
결이 순리라는 것도 알았다

석수장이는 화강암 한 덩이로 석물을 만들 때
한 방향으로 돌의 모양을 다듬는
계곡 물의 흐름을 생각한다
돌과 만나 갈라지는 자리가 물의 결이고
물과 부딪쳐 깎인 자리가 돌의 결이다

결을 따라 고분고분 가다보면
그때 딱딱한 돌도, 물결도, 사람도
모두 부드러워진다는 석수장이는
돌을 다루기 전에 먼저 결을 찾는다

찾은 결을 따라 눈자위를 새기는 정의 놀림
모난 곳 돌가루 바람결에 쓸어내자
석상에 세상 결 훤하게 뚫어보는
돌 눈이 생겼다

4월

소쿠리를 이면
저고리 밑으로
쑥 빠져 나오는 젖무덤
부끄럽지 않았다

한 살 꽃망울도
엄마 꽃이 되면 나비 들추고
잉잉 벌 보채면
들이나 마을 어귀 어디서나
고름을 풀고 꽃술을 물린다

꽃이 가장 아름다울 때

길 한 모퉁이에 앉아 옷고름을 풀고
젖을 물리던 어머니의 사랑이 보여
사월 어느 길목에서
어머니, 어머니

살며시 가슴을 여는

50호 벼랑에서

그대로 가져 올 수 없기에
천천히 뼈대부터 옮긴다
가슴 한 쪽이 기울자
똑같은 사실 하나가 생겼다
벽에서 다시 풍경으로 선 벼랑
무엇을 보라는 것일까,
50호 화선지에 담았다는 낙관을 보며
갈라진 바위틈으로 나를 밀어 넣었다
어디쯤일까,
아득히 떨어져 직벽에서 자란 솔의 둥치를 본다
사람도 저럴 수 있다면,
천길 아래로 떨어져 가장 위태로운 곳에서
가장 멋진 생의 절정을 보여줄 수 있다면,
벼랑의 삶이 이처럼 풍경일 수 있다면,
세상 무엇이 두려우랴
벼랑을 담아 미술관을 나선다

길

사과 껍질을 깎으면
길이 생긴다

끊어지지 않고 이어지는 길

길이 긴 날은
다녀간 사람도 많다

배웅을 하고 나면
길만 남는 길

사과 한 알이 준 길을 주섬주섬 담으면
빈 길 왜 더 붉은지

껍질이 많은 날은
허전함도 길다

도마의 나이테

무를 썰고 고등어를 자른다
무의 생즙과 물고기의 피가 미끈거리면
평생 써 온 칼에 가끔 손가락이 베인다
도마의 여백에 꽃문양이 생긴다
나무를 쪼아대는 딱따구리의 부리질 같은
칼질이 끝나면 어머니는 도마의 핏기를 씻는다
물기에 드러나는 나이테.
조리한 찌개의 온도가 100도에 이르고
들썩들썩 냄비에 생기가 돌면
도마는 잠시 죽은 한 때를 떠올린다
몸통에 날이 닿고 그것이 끝이라고 여겼던
도마는 죽은 몸으로 다시 칼질을 받아낸다
어떻게 쓰이느냐에 따라
산 것이 되기도 하고 죽은 것이 되기도 한다
죽은 것을 매번 산 것으로 돌리는 어머니는
도마에 빗금의 나이를 새기며
늙도록 붉은 꽃을 피웠다
칼이 닿지 않는 도마는 창백하다

맥을 잇다

힘없고 가늘어
똑똑 부러지는 마른국수
삶으면 쫄깃쫄깃 해진다
따뜻한 국수 한 그릇을 받아 들면
국수의 쓰임이 단지 요기가 아니라
가장 손쉬운 방법으로
가장 힘든 일을 이루어보자는
사람의 지혜를 읽게 된다
감정 없는 음식에 고명을 얹어
길게 이어온 생각을 말았다
백수를 다하고 꼬일 일없이
만사 술술 넘어가라며 잔칫상에 오른 국수
젓가락질을 하면 먼 조상의 길부터
신혼의 초야가 낭창낭창
맥을 잇는다

무등병

우리 아파트 경비원 박씨
어깨에 노란 이파리 두 개
아침마다 정문 앞에서
척척 경례를 부친다
교장으로 은퇴했다는 말을 들었다
무궁화 두 개는 달아도 되겠는데
졸병으로 만들기
그래도 그게 어디냐고 낮에는 청소까지 한다
관록과 연륜을 깨는 묘수는 계급
이파리 두 개면 쓰기에 편하다
오늘은 경례를 받고 미안해서
난 머리를 크게 숙인다
빈 견장만 남은 내 어깨 죽지에
구관조 한 마리
"따라해" "따라해"
어제부터 무등병이다

산동네

높게 있어 저절로 높아진 동네
더 높은 게 원이었을까
빨랫줄에 널린 속옷 바지 양말
빈 몸으로 허공 한 층 더 위로
바람을 탄다
왜 자꾸 높이 오르려는지
아찔하기만 하다

북경의 아침

지난밤은 붉었다
팁으로 건네는 지폐 속 링컨이,
왜 이런 곳에 있어야 하는지 알 수 없는
액자 속 마우쩌둥이, 주점에서 함께 붉었다

스모그에 덮인 북경의 아침
소유를 맛 본 인민의 움직임이 현란하다
밀려드는 자동차, 몰려가는 자전거,
지금도 쓰는 인해전술, 이 거대한 동력에
난 그만 소스라치고 만다

혁명과 이념의 천안문 광장에서
잡아놓은 먹잇감을 유린하는
맹수의 동작 같은 태극권 품새를 보며
난 작은 나라의 사람이라
잠시 머리를 짚는다

세상

내 소리에
새도 깜짝 놀라고
놀란 새소리에
나도 깜짝 놀라고

묘기

돌아온 딱따구리
주둥이가 부러져라 나무둥치를 쪼아댄다

절벽을 타는 석청잡이처럼
수직으로 몸을 세운 딱따구리
천하에 둘도 없는 묘기지만
오직 살자는 수단이고 보면
반갑다 예쁘다는 말보다는 슬프다

딱딱 따르르 70년대의 타전
어떤 말이 사라질 때까지
고물 같은 세상에서 고물이 되도록
질통을 지고 공사장 난간을 오르던 친구
직벽에 매달려 지탱한 명줄이
그래서 특종이었을까

누런 잎이 되살아나고
나무둥치의 벌레가 통통히 살이 오른 날
딱! 딱! 따르르
돌아온 오색딱따구리
기사를 놓칠 리 없다

쑤기미

밀물 때 쏘이면
다시 밀물이 되어야 낫고
썰물 때 쏘이면
다시 썰물이 되어야 낫는다는 통증
쑤기미 등지느러미에는 늘 당하기만 한
종족의 한이 도사리고 있는지 침이 있다
쏘이면 만물의 영장도 쩔쩔매지만
먼저 헤치려는 무기는 아니다
약육강식의 고약한 세상에서 그저
당하지 않도록 진화한 약자의 처세
몸은 갈매기 눈에도 띄지 않는
바다 밑 돌을 닮았다
매운탕을 끓이면 단단한 육질에서
드러나는 돌의 윤곽
한 순갈 국물이면
말로 찌르는 내 세 치 혀조차
얼얼하다

모르듯이

막 날개를 단 곤충들이 날기 시작합니다

날아본 경험이 없는 벌레를 놓칠세라

오르락내리락 새도 바쁩니다

아수라장이 된 숲을 피해 길에 떨어진 풍뎅이,

손이 가도 날지 않습니다

혹시나 싶어 마시던 커피 한 방울 먹여봅니다

입을 오물거립니다, 신기하다 싶은데

갑자기 납니다, 깜짝 놀랐습니다

커피에 의지한 내 기운 같아서요,

가끔 구사일생으로 살아난

운 좋은 사람들의 전쟁 이야기를 듣습니다

>

무언가가 돌봤다고 각자 생각대로 말합니다

풍뎅이는 지금 무슨 일이 일어났는지 모릅니다

애벌레 적 생사의 줄타기를 모르듯이,

어떤 관용의 힘으로

내가 새날을 맞는지 모르듯이,

홍합

모를 일이다
갯벌도 어장도 아닌
한 면도 성한 곳 없는 갯바위에
왜 하필 생의 뿌리를 내렸을까
바다 것이지만 지느러미도 없고 부레도 없다
검은 돌부리에 붙은 홍합을 보면
나들이 한 번 편하게 못하고
집이 인생의 전부였던 어머니 생각에
마음 편한 날 없어 술로 속을 달랬고
술에 상한 속은 뜨거운 국물로 달랬다
홍합을 삶자 온갖 풍파에도
꿈쩍 않던 몸을 쫙 연다
국물이 젖처럼 우러나고
난 그 뜨거움에 눈물이 돈다
먹고 난 빈 껍질 그조차 온통 사랑표다

3부

바둑

— 먹여치기

인생도 대국도 겨루기다
실패의 끝에서 돌아보면
언제나 훤한 수 싸움
승패로 갈리는 삶의 터전에서
난 매번 패자의 복기를 한다
살아오면서 먹어도 먹어도 차지 않는
대패의 속성으로 시간의 반을 보내고
또 반은 오만한 기세로 보냈다
이런 태도를 간과한다면
그건 진짜 패착이 아닐까
판이 기울고 알았다
버리지 못한 욕심과 방심의 허를,
바둑을 둔다 장고를 한다
무엇을 버려야 얻는다면
사석은 그냥 죽는 돌이 아니다
흑돌 한 점을 호랑이 굴에 넣었다
한 발 들여놓기도 힘든 세력에
미약한 돌 한 점의 저항
돌 하나를 버리자 판이 바뀌었다

부활을 위한 푸른색 벽 못

거실 벽면에 나를 버리면 전부를 얻는다는 '사아득전'의 사자성어 표구, 단 두 개의 못에 걸려있다.

나도 나를 버리기 위해 벽 못이 되어보기로 했다.
– 단번에 들어가기는 어렵겠군요
– 가끔 구부러지기도 하죠

못이 되어 내 의식 같은 벽을 뚫고 산수화 한 폭, 말씀 한 구절 걸어 보리라는 다짐도 망치질에 가끔 허리가 꺾인다.
이것은 나를 버리는 과정, 두 번째 세 번째 못이 되어 기어이 굳은 의식의 정수리를 뚫는다.

단단히 박혀 완전한 걸이가 되었다면 난 푸른 피를 흘리며 부활, 그곳에 내 전부였던 아버지의 영정을 건다.
본 척 못 본 척 무심히 대한 아버지, 난 이런 아버지를 대대로 섬길 최초의 탕자가 되었다. 완벽하게 버리신 아버지는 새 아들을 얻고,

결과

여러 겹 껍질이
여러 번 벗겨져
한 송이 꽃이 된다

고향은

1. 고향을 모르겠다는 아이의 고향은
태어나 백일이 전부인
경남 울주군 두동면 월평리

2. 고향을 모르겠다는 아이의 고향은
서로 태어난 곳이 다른 친구들과 놀던
부산 중구 동광동 5가 19번지

3. 고향을 모르겠다는 아이의 고향은
우연한 경남 산청군 차황면 점남마을

난 곳이 고향인지,
태를 묻은 곳은 기억에 없고
자란 곳이 고향인지,
놀던 곳은 동무가 없고
잠시 머문 곳이 고향인지,
우연히 머문 그곳은 이방

아, 턱을 괴어도 모를 어른아
똥도 반갑게 여기는 거기가
거기라고 우기거든
그래, 구린내 물씬나는 나도
받아주던 그곳을 고향이라 치자

격렬비열도 해녀

수심은 깊고 유속 또한 빠르다
해면에 박힌 옹이를 보면
아름답다거나 신비롭다는 말 보다는
아팠겠다는 말이 더 적절할 격렬비열도

이름만큼 거센 섬에서의 생존은 언제나 추상적이다
태왁은 해녀의 상징이지만 띄울 수 없고
바다와 살자면 삶의 무게보다 더 무거운 추를 달고
물속에 머리를 조아려야 한다
그리고 숨은 어떻게 참아야 하는지
섬처럼 저절로 익혀야 한다

물이 깊고 물살이 빠르면
바다를 캐는 방법도 다르다
격렬비열도 해녀는 해삼 고둥은 잡아 가슴에 담고
물위에 오르면 바람 세는 소리를 낸다
크고 작은 구멍이 많으리라

태왁은 물살이 잔잔한 곳에서나 쓰지
작은 망사리에 저 생을 어찌 다 담을까
바다에 수장한 청춘도 가마우지 같은 인생도
가슴에 품지 않고는 견딜 수 없어

물질하는 옷에도 가슴이 달려있다

어머니이기에 반인반수의 운명도 마다 않고
오리발이 달린 몸을 바다에 던진다
에밀레, 에밀레 부름처럼 파문이 인다

그러자 내 몸에도 가슴 하나가 새로 생기며
태왁도 없이 물질하는 섬 하나,
가슴팍에 생을 담은 격렬비열도 해녀,
퉁퉁 젖이 분 모습으로 든다

* 물살이 센 격렬비열도는 태왁을 띄울 수 없기 때문에 해녀 물옷에 망사리가 달려있다.

기세

단풍 든다
풋것이 거만해 지거나
잎의 허영이라도 좋다
이 기세가 꺾이면 다시 무다

난 술에 취하면 단풍 든다
짧고 굵게 살겠다는 객기도
이때 나온다

귀로

잃어버린 게 많은 사람은 그늘이 있다
빈 가지만 남은 나무에는 그늘이 없다

그늘에는 그늘이라고 여겼던 그늘과
그늘이 아니라고 여기던 그늘이 있다

화선지에 그린 박수근의 귀로
벚나무도 그 곁을 지나는 어른도, 아이도
바둑이도 표정이 없다
그 길에 그림자가 없다

떠난 사람 돌아오듯 잎이 나고
떠난 길을 돌아와도 그늘이 없다

그늘은 그림자 그게 흔적이라서
차마 그림자를 둘 수 없는 귀로

잃어버린 게 많은 사람은 그늘이 있다
그늘이라고 여겼던 그늘

사람도 그런데

철 모르고 핀 장미꽃
마음만 먹으면 딸 수도 있는데
그냥 두기로 했다 하물며 신이야,

경을 펼치면 성인의 길로만 가는 말씀
안간힘을 다해 좇아도
왜 난 세상의 편에 서는 걸까

찢어진 예수의 늑골에
손을 넣는 도마의 의심이
훨씬 사실적이란 내 생각에도
당신은 얼른 벌하지 않지만, 압니다

겨울 막바지를 보내며
작은 온기에도 변하려는 그 모습 대견해
그냥 두기로 하신 줄,

어촌

작은 어선들이
작은 몸짓으로
작은 바다를 누빈다
작아서 쉽게 차는 어창
돌아오는 배 꽁무니마다
모두 v다

섣달그믐에도

꽃 진 자리

화촉을 밝히듯 사흘 볕 좋으니

어라! 섣달그믐에도 꽃 핀다

지금은 꽃필 때 아니라고 우길 일 아니네

저승꽃 드문드문 할머니 금혼식

원삼족두리 꽃 장식에 수줍은 듯

입가 주름이 꽃잎처럼 벌어진다

한 시절 다 갔다고

마냥 앙상할까

한기조차 밀어제치는 꽃

아이는,

설을 손꼽아 기다리던 아이는 그런 아이를 기다리는 어른이 되었다. 세뱃돈을 받으면 지전에서 나던 어릴 적 돈 냄새를 기억하며 헌 돈을 새 돈으로 바꿨다

장날이면 어머니는 아버지의 땀이 섞인 채소를 싸전머리에 펼쳤다. 눈이 빨간 비둘기가 구구구 파장의 찌꺼기를 쪼면 어머니 주머니에서 시든 채소 냄새가 났다. 아이는 돈에 잎이 있었다는 사실을 몰랐다. 새날이면 아버지 어머니는 새 잎을 한 잎 한 잎 따서 주듯 세뱃돈을 주셨다

새 돈에서 막 거둔 채소 냄새가 난다. 자꾸 맡았다. 내 아이는 커서 어떤 냄새라고 추억할까,

바다 곁에 산다는 것은

바다를 곁에 둔다는 것은
세상 하나 더 두는 일입니다.
서시오 가시오가 없는 늘 푸른 바다
인간의 소리가 주인이 아닌 처음의 소리와
빙하기를 겪고도 죽지 않은 해를 품고
어둠은 어떻게 와서 어떻게 가는지
욕망이 아닌 희망은 왜 푸른지
필요하다면 몇 억년이라도 보여주겠다며
극으로 극으로 표류하는 영혼들에게
보라고 새겨보라고 푸름푸름 푸름
날마다 되풀이 합니다
어쩌다 바다를 보고 온 날이면
창백한 하루 윤슬처럼 빛나고
어제 죽은 용기 되살아납니다
바다에는 벽이 없습니다
수평선만 두고 있는 평등의 나라
아직 태어나지 않은 아침이
씨암탉처럼 웅크린 기회의 나라
그런 바다가 곁에 있다는 건
만약 내가 세상에 다시 태어난다면
그렇게 살아보리라는 그런 사람들의 꿈을
이미 이루고 사는 것입니다

4부

봄과의 약속

사람이 떠난 자리,

더 이상 생기는 없으리라 생각했다

빈집을 기웃거리며 산과 들, 짐승과 사람이

한때 한 호흡을 하며 살아가던

'농자천하지대본'의 품위를 떠올린다

아직 발아의 힘이 남아있는 고방에는

흙냄새 같기도 하고, 두엄냄새 같기도 하고,

어쩌면 땀 냄새 같기도 한 묵은 냄새가

봄과의 약속을 기다리고 있다

뻐꾸기 소리를 기억하는 종자 씨,

흙냄새를 기억하는 씨감자,

>

그러나 농부의 부재는 종자의 희생을 부른다

흙에 뿌리를 내리지 못한 씨감자

온몸 쭈글쭈글해지도록

제 몸 먹여 파란 순을 키우고 있다

봄은 죽어가는 그 어떤 것도

그냥 두지 않는다는 기억으로

매듭의 힘

매듭을 짓는다
둥치에서 가지로 가지에서 잎으로
그리고 다시 끝자리부터 풀어 나간다

삭풍이 가지를 흔들면 더 머물지 말라고
잎의 자리에서 매듭을 풀어
작은 가지에서 큰 가지로 드러나는
쇠무릎 같은 마디
단단히 묶었던 매듭의 힘으로
나무는 부러지지 않고 겨울을 난다

잘 가라고, 또 오라고
매듭을 짓고 매듭을 풀던 자리
가지마다 파란 끈이 달렸다
새 줄기처럼 몸을 세운
자벌레의 매듭 하나가 벌써 가렵다

다 풀면 다시 시작이다

회상

밤하늘에 자국이 많습니다
내 가슴도 자국이 많습니다

모두 별이 된 흔적입니다

하지만 하나 같이 반짝이는 까닭은
까마득하기 때문입니다

시간여행

— 복천박물관

가야의 기원이 한 모양 한 모양으로
내세에 쓰일 거라는 설이 있었다

천 수백 년 전 거리가 불과 유리벽 한 장
아직 구부정한 어깨를 한 부족을 만나
혼과 혼이 교차하는 악수를 하고
돌을 다루고 흙을 빚는 지혜를 넘어
죽지 않는 사상을 다룬 무덤에 든다

검붉은 마름의 토기를 들고 장례행렬이 들어오고
죽음은 다시 시작이라는 경배의 조문과
끝은 끝이라는 내 사고가 부딪히자
쨍그랑!
토우가 달린 그릇에서 들리는 가야의 소리와
날카로운 뼈로 그은 빗금에서 선혈이 흐른다

순장도 억울하지 않은 듯
먼 길 오셨으니 따뜻한 사슴피 한 잔 드시라며 권하는
깨진 굽다리접시에 먼 수렵의 시간과
비밀한 흙의 지문이 새겨져있다

내세에 온 기념으로 붉은 조명을 드렸더니

소장품만 남은 늑골에 혈기가 돈다
주검은 죽음일 뿐이라면 기원은 없다

봄은요

령을 넘은 봄은요
여든이 넘어도 빨간 속옷 고집하는
언제나 열아홉 할머니 마음 같고

내를 건넌 봄은요
하루가 다르게 울긋불긋
언제나 열아홉 아낙들 마음 같네

봄은요
오래된 가슴에도 온갖 꽃 피게 하는
시인의 혼입니다

똥파리

단지 잡아야 하는 파리라서 그럴까,
잘못한 일 뭐가 그리 많은지 발이 손이 되도록 빈다
그래, 우리도 용서를 빌 때나 무엇을 간절히 원할 때
손이 닳도록 빌지

네 발로 걷던 사람도 두 발이 손이 되면서부터
깨끗하고 더러운 걸 알았어
너도 우리처럼 진화하면 발은 어째서 더럽고
손은 왜 깨끗해야 하는지 그 이유를 알게 돼

그래, 싹싹 빌어! 그래서 너의 발이 손이 되거든
그때는 내 밥도 먹으렴

약손

약이 아니라도
약이 되는 손이 있다
탈이 난 배를 어머니가 만져주면
어째서 아픈 배가 나았을까

똥도 약이 된다는 말이 있다
삼년 치매 시어머니 똥도
똥오줌 못 가리는 자식 똥도
똥거름을 쓴 배추며 무에 묻은 남의 똥까지
씻느라 얼마나 많은 똥물이 손에 베었을까
그렇네, 내 어머니 손 그렇네,

"내 손은 약손 네 배는 똥배" 그러면 스르르
무슨 아픔이 졸음처럼 달콤했는지
약이 아니라도 약이 되는 손

훈계

오늘은 밥시간이 나더니
모으는 재미에 굶어도 든든하니
곳간마다 다 채우려 들지마라
왜 개미와 베짱이 있잖니
얼마나 물어다 날랐으면
동화책에 그려진 개미 방에
빈 곳이 없더라
그런데 엄동에 밥 얻으러 온
베짱이에게는 뭘 좀 줘서 보냈다던
굴뚝에서 연기는 나더라만
그 뒤는 통 생각이 안 나서

짐작

"달무리가 졌구나"

조약돌만 한 무릎 뼈 주무르며
어머니 눅눅하게 말 하신다

삶의 대부분이 물인 어머니 몸에는
천체를 관측하는 첨성대와
인류 최초의 측우기가 있다
빠르고 정확하다

그런 날은
구들장 뜨겁도록 지져도
아리다는 뼈마디

풍장

연안 깊숙이 한류가 밀려들면

횡계리 농가는 명태가 낟가리로 쌓이고

대관령 구릉은 명태 밭으로 변한다

가을걷이를 마친 농부는 덕장을 짓고

통나무 말목에 싸리나무로 아가미를 꿴

관태를 걸어 풍장을 한다

순백의 눈이 바람이 번갈아 지나가고

투명한 햇살아래 얼었다 녹았다 육신을 벼리는 담금질

내 몸 하나 지켜내는 일보다

순응하는 일 어려운 까닭은

저 수천수만 벌린 명태입이

>

하나도 일그러지지 않은 채

파안대소하며 허공 바다로 솟구쳐 오르는

이 장엄한 의례를 풀지 못하기 때문입니다

문종이

쉽게 찢어지는 얇은 문종이
풀을 먹여 문살에 바르면
흐느적 연약해도
마르면 삭풍에도 끄떡없는
어머니 강단 같은 탱탱한 문종이,
틈을 찾는 바람이 온 집을 뒤져도
바람 분다 바람 들라
온몸으로 막아서던
어머니 모습이네

어쩌다 문종이에 구멍이 나면
무슨 탄식소리 같은 게 납니다.

5부

나의 유전은,

줄이 감긴다, 줄을 푼다, 반복되는 일에 인내란 없다. 귀찮은 일을 털어내듯 털면 털수록 악착같이 꼬이는 이어폰 줄, 맺고 끊는 방식의 세상에서 선과 줄 줄과 끈의 관계는 동병상련의 관계일까, 동상이몽의 따로 일까, 차를 몰고 선의 질서를 따르면 목적지

차선에 맞춰 주차를 하자 오천만 회선을 뚫고 울리는 휴대폰, 이어폰을 낀다. 안전띠를 풀고 가방을 챙긴다. 급한 탓에 끈과 줄, 띠가 서로 감긴다. 지금의 통화는 밥줄이다, 나를 이어주는 끈, 나를 결박하는 끈, 그러고 보니 내 온몸 줄이며 끈이다

그런데 내 배꼽에 그 줄의 시초가 있다. 세상과의 첫 소통에서 탯줄을 달고 발을 동동 굴렀다는 줄의 설. 선의 정리가 끝나면 가장 아늑하고 가장 적막한 그날이 될까, 내가 가진 줄, 나를 감는 줄, 나의 유전은 줄

– 얘야 서둘러 되는 일은 없다. 무슨 일을 할 때는 오령의 누에처럼 하거라, 명주실은 얽히고설킨 누에 집에서 나온다. 말씀의 줄을 풀었더니 한 건의 거래가 이루어졌다

가장 붉을 때

바다 속을 들여다보는 힘은
바다와 한 몸이 되어야 생긴다
어군 탐지기보다 정확한 눈으로
부표처럼 떠 있는 섬을 기준삼아
해면을 읽고 그물을 친다

대충으로는 통하지 않는 어로
밀물과 썰물도 바다의 몸부림이고 보면
살기 위한 몸부림이 가장 클 때 어획도 많다

양망을 한다 일곱물의 요동이 지나고
넙치 쏨뱅이 상사리 바다의 사리로 오른다

어부의 몸에는 24시의 다섯 째 시
인시를 알리는 어둠이 있다
빨간 사리를 지녔다
동이 틀 무렵 보인다

순환의 바다
— 물망상어

아가미의 기포가 수면위로 오르면 곧 끝과 시작이다. 작은 물고기지만 새끼를 낳는 망상어, 수십 마리의 새끼를 배고 여름 입덧까지 치른 물망상어는 무르다. 오죽하면 물이라 하겠는가, 어미의 살이 탄력을 잃으면 새끼는 단단해진다. 그물과 큰 물고기의 아가리, 낚시 바늘이 즐비한 바다의 시련을 새끼에게 물려주고 그것도 천운이라 여기며 생의 끝자락에 선다. 새끼들이 생식기를 빠져나가고 남은 것이라고는 팔순 어머니의 뱃살 같은 탄력, 마지막 기포가 수면으로 오른다. 끝도 시작이라면 죽음은 축복일까, 수만 개 알이 실린 바위틈의 문어가 수고했소, 고맙소, 눈인사를 건네며 둥글 감아 드린다. 물망상어의 무른 맛을 기억하는 문어, 문어의 알 맛을 기억하는 물망상어, 주거니 받거니 바다를 돌리면 어제 죽은 해가 동그라니 살아난다.

茶道

단번에 마셔도 될 차를
자그마한 찻잔에 나누며
달그락달그락 늑장을 부린다

천천히 행함은 나를 다스리는 일이요
도는 깨달음의 길이니
삶이란 시공에 퍼지는 차향처럼 피어
산사에 머문 기운처럼 오래
머물러 있어야 하는 것

그러나 저려오는 다리
가부좌를 풀고 부족한 수양을 탓하며
급해도 무엇 하나 이루지 못한 이순을
찻잔 속에 띄운다

순환의 고리 2

봄은 겨울을 먹고
여름은 봄을 먹고
가을은 여름을 먹고
떨어져 거름이 된다

빨간 색은 빨갛게
노란 색은 노랗게
흰색은 흰 대로 돌려준다
흙은 너무 정직해서
이것저것 아무거나 먹은 나는
어떻게 돌려줄까

그래서 못 산다

뉴스에서 본
도축장 탈출 소 때문에
마음이 아파 죽겠다

이 자리도 끗발인지
주머니에 질러주는 사례를
다시 돌려주었다

난 아직 내 안에 남아있는
인간의 본성을 보고
기뻐 죽겠다

그래서 못 산다

송장메뚜기

눈을 뜨고도 풀지 못하는
생의 의문을 더듬이로 풀고 있는
송장메뚜기.
하오의 시간은 왜 차고,
봉분을 덮고 누운 사람들의 온기는
왜 따스한지,
망자의 머리는 북쪽, 다리는 남쪽
음지의 영혼도 죽으면 양지로 드는
여기는 세상과 반대라며
더듬이 하나를 뒤로 젖힌다.
방향을 잡은 듯
땅에 스며들지 못한 늙은 햇살 위를
알을 싣고 날아 본 한 때의 경험으로
송장메뚜기 난다.

나이를 먹지 않고는 모르는
갈색과 갈색의 조화

착각

이상은 높은 곳에 있다
그러나 땅을 우러러
별도 달도 아래로 빛을 뻗고
하늘나라로 간 사람도
이름은 지상에 둔다

산 정상에 서면 더는 위가 아닌
아래를 보며 좋다, 좋다! 참 좋다한다

날아다니는 새도 땅으로 내려서고
기댈 곳, 아래에 있다고
공중의 씨앗도 모두 아래로 떨어지는데 기댈 곳 없는 허공
난 매일 허공으로 솟는다

장돌림

선달 추위도 아린데
정월 초하루가 내일 모레
차례장도 봐야지만
들떠 있는 자식새끼
설 옷 한 벌 입혀야지
썰렁한 대목장에 속이 탄다
객지 해는 도계장 중천에 이르고
"사이소" "사이소" 공복으로 외치는 잡화장수
입에서 명멸하는 36.5도의 입김
꽥꽥 증기를 뿜으며 다음 역을 향하는
열차의 재촉만 같아
보이소, 다음에는 이정표로 돌지 말고
반석 같은 자리 잡아 머릿돌처럼 사소
사는 이도 파는 이도 애가 타서
동장군도 지는 장터

팽이

도토리 꼭지에 나뭇개비를 끼워
팽이를 만들었다

돌리면 서는 도토리의 중심

돌지 않고 설 수 있는 유일한 길은
땅에 떨어져 싹을 틔우는 일이지만

평생 가슴에 곧추서 돈다

몇 번을 돌리자
도토리에서 상수리 한 그루 부푼다

얼마나 돌았을까
비틀비틀 중심을 잃으며
후두둑 떨어지는 도토리

한 알 한 알 도토리를 줍는
어른의 추억이 볼록하다

밑짐

어떨 때 흔드는 가
어떨 때 삼키는 가
한 쪽으로 치우친다면 번번이 바다에 진다

한 때 균형을 잃고 천당과 지옥을 오간 적이 있었다
지옥을 벗어나기 위해 뱃일을 하며
밑돌로 물살을 견디는 섬과
밑짐으로 오뚝이처럼 서는 배를 보고
삶과 대적하는 법을 알았다

배의 밑짐이 무게의 중심이면
뱃사람의 밑짐은 인내다
매번 바다가 흔들기는 하겠지만
결코 넘어지지 않는다

파도가 파도를 감아올린다
선미가 하늘 높이 솟았다 곤두박질친다
선체가 좌현 우현으로 쏠려도
선스타호, 브릿지 짱짱하다

파종하는 날

십중팔구는 비 온다는 예보
파종하기에는 이만한 날도 없다
이랑마다 구멍을 내고 서리태 세 알씩을 넣었다

이제 서너 달은 견뎌야 줄줄 종을 달 텐데
사는 게 그리 호락호락 하지 않다는 걸
농사를 지어본 사람은 안다

근심도 파종하고 넋두리도 뿌린다
배고픈 새야 너도 먹고
내 속까지 파먹는 벌레들아 먹긴 먹되
밭갈이에 허리 휜 내 몫은 남겨라

비단위에 꽃을 더한 격이랄까
톡톡 두둑에 피는 빗방울

늙은 느티나무 가지 위에 멧비둘기 한 쌍
벌써 한 입 엿보고

그런 이유

조금 특별한 날은
잘 삶은 닭 한 마리 상에 오른다
제일 먼저 아버지께 닭다리를 드리면
나는 이게 더 맛있다며 날개를 집고
가슴살을 드리면 퍽퍽해서 싫다고
칼집이 선명한 모가지를 든다
연륜이 쌓이면 구분도 쉬울까
날개를 먹으면 바람이 나고
모가지를 먹으면 목청이 트인다며
내가 먹지 않는 부위만 드셨다
관을 쓰고 홰에 올라 목청 뽑던 일은
오래된 추억일 뿐일 텐데,
저걸 잡수시고 늦바람이라도 나서
한 소절 꺾어 보고 싶었을까
어머니는 여자라서 애써 피하고
난 저 복잡한 부분을 먹는 어른이 되었다
아내는 단단한 육질의 다리를
제일 먼저 자식 입에 물린다
내가 날개를 집어 들자 젓가락에서
오끼꼬, 오끼꼬,
울어 보지 못한 양계 소리가
옛날과 사뭇 다르다

편지

형님, '결'의 시인이 되십시오

김곰치 소설가

형님, '결'의 시인이 되십시오

김곰치 소설가

1

형님, 시집 출간을 축하합니다. 십 몇 년 전 부산귀농학교에서 동기생으로 처음 만났고 당시 제가 살았던 연지동의 집과 형님의 사업장이 걸어서 오갈 정도로 가까웠기도 해서 졸업 후에도 자주 만나게 되었는데요, 그런데 형님이 하시던 사업은 주방용품 물류 유통이었지요. 규모가 컸지요. 어느 해 사업을 접고 지리산으로 농사를 배우러 간다고 하셨고 그곳 어느 허름한 산막에서 주경야독을 하셨댔고, 그런데 그 밤공부가 시공부였는 줄은 저는 한동안 까맣게 몰랐습니다. 우리 인연은 귀농학교 동기생이라는 점 외에 뜻밖에도 '문학'이라는 공통분모가 더해졌던 것이지요.

이 글을 쓰겠다고 형님의 지난 시집 두 권을 다시 읽었는데요, 형님 나이가 결코 적다고 할 수 없고 오랜 세월 세속의 사람들을 상대로 셈속을 따질 수밖에 없는 '사업가'로 살아왔는데 늦깎이로 산속에서 시공부를 했댔자 무슨 신통한 결과를 얻겠느냐 하고 사정을 아는 이라면 누구나 의심했을 법합니다. 솔직히 저도 '형님 인생에 신기한 일이 벌어졌구나', 이렇게 생각했고 딱히 기대하지 않았었는데, 그러나 이번에 다시 읽으면서도 새삼 느꼈지만 작품 곳곳에는 마치 감성 예민한 청년 신예가 쓴 것 같은 생기 있고 감각적이고 진부하지 않는 표현들이 밤하늘의 별처럼 빛나고 있었습니다. 저는 애틋한 마음까지 들었답니다. 시쳇말로 형님은 가장으로서 처자식 먹여살린다고 생계를 책임져야 했기에 문학적 재능이라고 할까 '끼'라고 할까 이런 것을 억누르고만 살아야 하셨던 것입니다. 중년 후반부에서야 인생의 길을 바꾸셨던 것인데, 형님은 이 새 길을 계속 가셔야 할 것 같습니다. 형님의 시작詩作은 첫 시집에서부터 취미나 여기餘技의 영역에 머무르지 않고 있었거든요.

시집들을 읽은 지 벌써 보름이 되어갑니다. 하루에도 수많은 사건사고들이 언론을 통해 쏟아지고 일상의 번잡한 일들과 고민은 또 얼마나 많은지요. '보름'은 시 읽을 때의 감흥이 사그라져 희미해지기에 충분한 시간입니다. 시집 『갸우뚱』과 『달그락 쨍그랑』은 제게 벌써 약간 희미한 '어떤 느낌'으로 남아버렸네요. 하지만 『달그락 쨍그랑』의 '시인의 말' 중, "시와 내가 어찌 꼭 같을 수 있겠는가/ 바르게 살자고 하는 말 아니겠나/ 용서를 구하자고 하는 말 아니겠나", 이 세 줄만은 형님의 거짓 없는 고백이며 형님 시 쓰기의 변함없는 매우 견실한 다짐임을 조금도 의심하지 않습니다. 형님의 인생에서 시를 발견하고 시작의 길을 걷기로 한 어떤 진정성에 대한 믿음은 조금도 약해지지 않고 있습니다. 앞으로 어찌될지가 궁금할 따름입니다. 그건 형님 스스로도 그러할 테지요. 한 편 한 편 써나가면서, 작품들이 쌓여가면서, 소재와 생각과 시적 깨달음을 반복할 수만은 없기에 새로움을 계속 추구해가야 하는데, 시인 자신인들 '내가 어디로 가고 있는가' 분명히 알고 가는 이가 몇이나 되겠습니까. 한 치 앞도 모르는 인생이라고 하거늘, 감히 앞에 놓인 자기 시의 길을 알고 간다는 이는 거짓말쟁이거나 착각에 빠져 있는 사람인 게지요.

앞을 모른다는 것은 두려운 일입니다. 그러나 앞을 모르면서도 그렇다고 온통 새까맣게 죄 모르는 것은 아니라는 게 문제입니다. 아니 문제가 아니라 어쩌면 희망입니다. 온통 모르지는 않기에 두려움이 아니라 설렘이 될 수 있는 것입니다. 앞으로도 형님한테 시가 계속 설렘이었으면 합니다.

이제, 지난 시집에 실렸지만 어떤 이유에서든 형님이 이번에 세 번째 시집『결,』에 재수록한 몇 편 중 하나인 '모르듯이'를 같이 읽어봤으면 합니다. 형님의 '깊이'를 알게 하는 작품이거든요! 뼈대가 되는 사건은 간단합니다. 시의 화자는 숲속길, 또는 숲 근처의 길을 걷고 있어요. 숲이 어수선하게 보입니다. 벌레와 새들이 부산스럽게 움직이는 것을 봅니다. 길에 떨어져 있는 벌레 한 마리를 발견하죠. 풍뎅이입니다. 손이 가도 날지 않으니 죽었거나 다 죽은 상태라고 봐야죠. 화자는 커피 한 방울을 줘봅니다. 벌레가 갑자기 날아버립니다. 자, 이 사건 아닌 사건, 형님한테는 시적 사건이었던 셈인데(그래서 '모르듯이'라는 작품으로까지 쓰고 말았으니 말입니다) 이 하잘것없는 사건을 형님은 어떻게 시로 옮겨냈는지요. 나는 무척 흥미진진하게 읽었습니다. 총 16행의 시에서 1-9행까지입니다.

> 막 날개를 단 곤충들이 부양을 합니다
> 날아본 경험이 없는 벌레를 놓칠세라
> 오르락내리락 새도 바쁩니다
> 아수라장이 된 숲을 날다 길에 떨어진 풍뎅이,
> 손이 가도 날지 않습니다
> 혹시나 싶어 마시던 커피 한 방울 줘 봅니다
> 입을 달싹거립니다, 신기하다 싶은데
> 갑자기 납니다, 깜짝 놀랐습니다.
> 커피에 의지한 내 기운 같아서요,

앞서 제가 요약한 사건의 얼개는 다 나왔습니다. "막 날개를 단 곤충들"이니(달았다기보다는 애벌레에서 날개가 접힌 채 나왔을 테니 막 날개를 폈다고 해야겠지만) 즉 한 번도 "날아본 경험이 없"으니 이것들은 생애 최초의 비행飛行을 하고 있습니다. 그런데, 화자가 걸어가는 숲의 곤충들이 하필 그날 그 시각 과연 최초의 비행을 하고 있었겠습니까. 그럴 리가 있겠습니까. 숲의 곤충들이 한날한시에 일제히 최초의 비행을 할 리 없지요. 그러나 그날 아침 화자는(아침이라고 나와 있지 않지만 왠지 아침시각인 것 같은데) 첫 비행에 나선 듯한 벌레들의 긴장과 불안, 낯섬의 기운을 느낍니다. 비행은 벌레들에게 놀랍고 벅찬 도전인데, 태를 벗고 가장 보드라운 살을 가진 어린 벌레들이라고 할 때 "오르락내리락" 하는 새들이 시인에게 예사롭게 보일 리 없지요. 아침 산책의 싱그러웠던 숲은 한순간 "아수라장이 된 숲"으로 보이는 것입니다. 이 표현 하나로 독자에게 무서운 인식 전환을 일으켜놓습니다.

사람 발에 뭣도 모르고 밟힐 수 있는 길바닥의 풍뎅이 한 마리가 하필 시인의 눈에 띄어 이렇게 사건이 일어납니다. 다시 말하지만 풍뎅이가 길에 있으면, 기척도 없다면 죽었을 수 있는데, 그런데 살짝 줘본 커피 한 방울에 "입을 달싹거"리더니 날아가버렸습니다. 그 벌레는 비행의 서툼과 두려움, 푸닥거리 하는 무서운 새들에 대한 공포로 잠시 기절했던가 봅니다. 사실을 말하자면, 시인이 풍뎅이를 못 보고 그냥 지나쳤더라도 시간이 지난 후, 또는 숲의 햇살이 더 따뜻해지고 풍성해지면 어느 순간 벌레 스스로 날아갔을 것도 같아요. 그러나 어쨌든 시인에게 일어난 '사건'은 한 방울의 커피가 결정적인 계기가 되었습니다. 기절한 사람에게 찬물을 끼얹듯, 벌레에게도 어떤 자극이 필요했던 것인데, 햇살과 시간이 부드러운 자극의 역할을 하겠지만 당장은 커피가 역할을 한 것입니다. 자, 죽은 줄 알았던 것이 이 간단한 조치에 확 살아버렸으니 그걸 지켜본 시인이 깜짝 놀랄 수도 있겠으나, 대체 이 모든 게 무슨 뜻 깊은 사건일 수 있겠는지요. 해서, 시인은 인식의 대단한 도약을 해보입니다. 시의 끝까지 마저 보지요.

이따금 구사일생으로 살아난
운 좋은 사람들의 전쟁 이야기를 듣습니다
무언가가 돌봤다고 각자 생각대로 말합니다
풍뎅이는 지금 무슨 일이 일어났는지 모릅니다
애벌레 적 생사의 줄타기를 모르듯이,

어떤 관용의 힘으로
내가 새 날을 맞는지 모르듯이

구사일생의 '죽다살아남'은 사람에게도 곤충에게도 그 어떤 생명존재에게도 일어날 수 있는 일입니다. "무언가가 돌봤다", 그건 초월적인 존재를 믿고 사는 사람이라면 신神의 가호가 있었다고 할 수도 있겠고 그저 운이 좋았다고 할 수도 있겠죠. 각자 알아서들 생각하면 그만이죠. 이 시의 도약은, 풍뎅이는 커피 한 방울에 문득 깨어나 날아가 버렸는데 그런데 그 "풍뎅이는 지금 무슨 일이 일어났는지 모"른다는 이 돌연한 깨달음의 제시에서 발생합니다. 날아간 풍뎅이는 방금 그것이 뭐였는지, 물이었는지 빗방울이었는지 커피였는지 모릅니다, 정말 그러합니다. 커피의 설탕 성분이 힘이 됐는지 카페인이 그랬는지 모릅니다. 왜 갑자기 입이 달싹거려지는지, 달싹거리고 싶도록 하는 이 액체가 어디서 왜 나타났는지 풍뎅이는 모릅니다. 풍뎅이는 생명의 씨앗이 맺어진 후 성장하고 변태하고 날아다니고 먹을 것을 구하는 본능이 있을 뿐, "애벌레 적 생사의 줄타기"의 기억도 새까맣게 모른 채이고, 방금 생사의 기로에 놓였었지만 애벌레 시절을 성공적으로 벗어나 온전한 한 마리의 풍뎅이가 되었는데, 과거에 얼마나 많은 죽음의 위기를 넘겼는지도 풍뎅이는 기억도 못하고 모릅니다. 풍뎅이는 모르는 것투성입니다! 본능 말고 아는 것이 아무것도 없는 풍뎅이가 방금 멋지게 살아나 날아갔습니다. 풍뎅이를 방금 그 순간까지 무엇이 살도록 하였는지 시인은 "관용"이라는 단어를 선택해 제시하고 있지만, 생명을 일구고 또 중간에 꺼

버리기도 하는 어떤 섭리의 힘을, 그 힘의 다양한 특성을, 그 다양함 중에 중요하다고 생각되는 한 특성을, 물론 관용 아닌 다른 단어로도 누구든 떠올려볼 수 있을 것입니다. 사랑이라고 할 수 있고 운이 부리는 조화라고 할 수 있고 적자생존이라고 해도 되겠고 신의 장난이라고 해도 되고 그러나 시인은 '관용'이라고 했습니다. 그런데 방금 벌레의 운명을 좌우한 것도 "관용"의 힘에 의한 것이지만, 그 관용의 힘을 목격한 살아있는 시인의 그날 아침도, 그런 아침이 가능했던 것도 사실 같은 관용의 힘에 의했던 것이라는 깨달음의 제시로 시는 마무리됩니다.

만물의 영장이라고 하는 인간도 벌레만큼 어떤 신비로운 힘에 꼼짝없이 의지하고 사는 존재이니 겸손해야 한다는 것이 시인이 단순히 말하고자 하는 바는 아닐 것입니다. 벌레의 마음자리에까지 내려가 보는 겸손도 물론 대단히 중요하고 아무나 가질 수 있는 마음씨인 것은 아닙니다. "꽃에는 고요한 부분이 있다/ 그곳에 벌레가 앉아 있다"고 이성선 시인이 노래한 바 있죠. 이와 같은 벌레의 순수를 생각해보면 대개의 우리 인간은 이성선이 그려 보인 벌레보다 못한 존재입니다.

하여간 벌레를 살려 날려 보낸 시인이 이날 이때껏 인간생명으로 있을 수 있는 것은 그 "관용"의 힘이 시인에게도 무수한 인생의 험한 순간들에 잘 작용하였기 때문이고 알았든 몰랐든 그러한 관용의 세례 속에 늘 살아왔기에 자기도 모르게 그 힘의 특성을 닮게 마련이고 바로 그 때문에 커피 한 방울을 살짝 쥐보는 시인의 작은 관용의 행동까지 하게 된 것이라고 하고 있는 것인데, 나는 형님의 시가, 이성선 시인의 극도의 순수미도 좋지만, 우리를 훨씬 푸근하고 넉넉한 느낌으로 이끌고 있다고 봅니다.

2

형님은 이미 만만찮은 시의 세계로 들어와 계세요. 앞서 말했지만 형님의 시작이 계속되어 마침내 어디에 이를지 누구도 알지 못합니다. 어느 깊은 숲속에 들어 고요한 좌정의 자리를 찾게 될지, 이 혼탁한 세상을 호탕하게 굽어볼 수 있는 높은 산의 정상에 올라서게 될지, 절벽에 이르러 그간 걸어왔던 수고로움을 후회하게 될지! 한 편 한 편 써나가는 것, 매 작품마다 앞으로의 행로를 알 것 같으면서도 또 아무래도 모를 것 같으면서 예감하면서 헷갈려하면서 꾸준히 나아가는 것, 한 편 한 편이 한 걸음 한 걸음이 되어 문득 돌아볼 때 걸어왔던 지난 길만이 환연히 보일 따름입니다. 벼랑이나 숲이나 산보다는 그저 끝없는 길이라고 하는 게 가장 온당할 것입니다.

이번 시집에서 저는 '결'이라는 작품을 감탄하면서 읽었습니다. 앞으로 형님이 갈 길이 이 작품에서 보이는 것만 같았습니다. 이 세상의 수많은 문제도, 우리네 인생이 겪기 마련인 갖은 시련에도 '결'을 찾아내는 눈을 가질 수 있다면, 사람들이 '결눈'을 밝히고 살아간다면, 세상이 훨씬 더 아름답게 되지 않을까, 공감했습니다. 모름지기 시인이란, 사람들이 잘 보지 못하는 복잡한 사건과 사물의 '결'을 맑고 치밀한 언어로 보여주는 사람이 아닐까, 이런 생각까지 했습니다. 하여 독자로서 시를 읽는다는 행위는 시인의 결눈을 빌어 세상을 본다는 것이고, 읽을수록 독자에게도 시인 만치의 결눈이 생겨나지 않겠습니까. 형님은 "결이 순리"라고 하셨는데, 그런데 순리의 실현은, "돌과 만나 갈라지는 자리가 물의 결이고/ 물과 부딪쳐 깎인 자리가 돌의 결"이라고 하셨으니, 세상을 순리대로 살아가려면 오랜 시간 엄청난 연단鍊鍛이 있어야겠지요. 시 읽기가 곧 그런 작은 연단이 될 수도 있는 것입니다.

세상 모든 것에는 결이 있다
물결, 바람결, 마음결
하물며 돌 한 덩이에도 결이 있다
돌을 쪼며 결을 알았다
결이 순리라는 것도 알았다

석수장이는 화강암 한 덩이로 석물을 만들 때
고집스런 반복으로 돌의 모양을 다듬는
세곡 물의 흐름을 생각한다
돌과 만나 갈라지는 자리가 물의 결이고
물과 부딪쳐 깎인 자리가 돌의 결이다

결을 따라 고분고분 가다보면
그때 딱딱한 돌도, 물결도, 바람도
모두 부드러워진다는 석수장이는
돌을 다루기 전에 먼저 결을 찾는다

찾은 결을 따라 눈자위를 새기는 정의 놀림

모난 곳 돌가루 바람결에 쓸어내자
석상에 세상결 훤하게 읽어내는
돌눈이 생겼다
—「결」 전문

물결이 한시도 쉬지 않고 흘러갔고 석수장이는 한 덩이 돌에 새겨진 물결의 시간을 알아보고 정을 놀리고 마침내 바람결은 모났던 곳의 돌가루를 날려 돌의 결눈을 틔워내는 것이니, 사실 제가 더 말을 보태봤자 군말이 될 뿐, 아주 한 편의 매력적인 시가 되어 있습니다. '내 인생에도 결이 있다!' 하고 깊은 밤에 조용하게 깨달았습니다. 형님, 결이 곧 길이더군요. 시인의 '숨결'로 시의 언어가 조직되는 것이고, 시는 캄캄한 세상의 결을 밝히 드러냄인 것이며, 하나의 결은, 길 위에서의 우리의 한 걸음입니다.

3

형님, 어쨌거나 한해가 저물어갑니다. 올해 전화통화는 많이 했는데, 한 번도 얼굴을 보고 만나지 못했습니다.

저는 오래전 막내여동생을 떠나보낸 적이 있었고 몇 년새 마침내 부모님과도 사별하였습니다. '죽음'을 생각하면, 그것이 아무리 순리에 따른 피치 못할 일이라고 하여도 도무지 모르겠다는 느낌뿐입니다. 감히 청하건대, 형님이 죽음이란 두렵기만 한 우리네 일생일대의 사건에도 결눈을 대어 보여주십시오. 결 따라 가면 된다고, 한 결 한 결 찾아보면 된다고, 두렵기만 한 게 아니라고.

저는 형님이 능히 그럴 수 있을 것 같습니다. 사실 이번 새 시집까지 통틀어 형님이 가장 빈번하게 시의 소재로 삼고 있는 것은 형님의 아버지 어머니이지요. 보통 나이가 어느 정도 되면 시인들은 웬만하면 자신의 부모에 대한 시를 짓지 않습니다. 왜 그런지 잘 모르지만, 다 큰 어른이 되고도 제 아버지 어머니 이야기를 하는 것이, 뭐랄까, 정신적으로 독립하지 못한 느낌을 자아낼 우려가 있기 때문이 아닌가 싶습니다. 또 우리 역사현실에서 부모라는 존재를 생각하면 '효孝'라는 오랜 덕목의 경계에서 자유롭기가 영 힘듭니다. 케케묵은 관념의 그림자가 비쳐서 참신한 언어구사가 기본이 되어야 할 현대시에 어울리지 않는다고 지레 꺼려하는 것이 아닌가 싶습니다.

그러나 부모란 대저 어떤 존재입니까. 신비로운 존재입니다. 대개의 경우 부모란 먼저 죽는 존재입니다. 길러주고 입혀주고 사람 되게 하는 노고를 마다치 않았고 마지막에는 자식한테 죽음을 몸소 보여주고 결정적으로 가르쳐주고 가는 무섭고도 놀라운 존재들입니다. 형님도 오래전에 부모님을 여의셨지만, 그러나 그 사건의 의미를 제대로 깨치셨는지요. 딸 둘 시집보낸 나이에도 형님은 아버지 어머니에 대해 줄기차게 쓰고 계세요.

생각하면 우리 인생에 죽음만 한 사건이 있겠습니까. 또 부모의 죽음만큼 한없이 생각에 잠기게 하는 사건이 있습니까. 나는 부모님에 대한 시가 중요한 그 사건에 대한 형님의 본능적인 감지의 결과이며, 오해받기 쉬운 소재를 피하지 않는 것은 가장 칭송하고 싶은, 형님이란 사람의 인간적 정직함이라고 생각합니다.

오늘 이 순간까지 형님과 제가 하나의 생명으로서 존재하기 위해 이 땅에서 얼마나 많은 선대의 생명들이 죽어갔는지요. 진화론이란 견지에서 보면 수십 억 년에 걸쳐 상상을 초월하는 숱한 죽음들이 있어야 했습니다. 단세포 하나에서 시작한 것이 지금의 우리에 이른 것이니, 그 길게 이어져 온 생명의 연속을 생각하노라면, 그건 일종의 죽음의 결입니다. 계속되어야 결이고, 이어져야 결로 보입니다. 결을 선線이라고 한다면 우리는 하나의 점點입니다. 그런데 점 안에도 미세한 결들이 있습니다. 점이 결로 이뤄져 있어요. 결 속의 점이요 점 속의 결입니다. 형님, 계속 담담하게 아버지 어머니에 대해 시를 써주십시오. 그 안에 형님의 죽음마저 미리 잘 보일 것입니다.

한 고개 넘으면 또 한 고개
저걸 언제 다 넘노,
그런 길 지나며 아버지 등 휘었습니다
그런 길 지나며 어머니 허리 굽었습니다

몇 개의 봉우리를 넘었습니다
앞만 보고 오르다 돌아보지 못한 뒤
문득 돌아보다 소스라칩니다
산등성이 하나 아버지 등 같고,
산등성이 하나 어머니 허리 같아,

능선을 인생이라 치면
긴 이음으로 온 산 한 길이 됩니다

능선을 넘으면 간혹 눈물이 납니다
나도 그러하기 때문입니다

오르고 내리다 만난 하산 길 이정표
저걸 언제 다 넘었노,
긴 숨으로 풉니다
—「능선」 전문

형님, 죽음의 결마저 보여주십시오. 그 결이 능선처럼 부드러운 곡선임을 보여주십시오. 결의 시인이 되십시오. 내내 건필하십시오.

묻고 싶을 때

김　득 시인

묻고 싶을 때

김 득 시인

가끔은 울안을 벗어나 과거를 묻고 싶을 때가 있다. 마치 파스텔로 그려놓은 듯한 추억이랄까, 그것을 그리움이라 치면 그럴 때 찾아지는「구멍 대 구멍」난 이 시를 읽으며 한 시인이 상기하는 언어 속에서 모두가 잊고 지낸 삶의 진한 향을 느낀다. 좌절에서 격려를, 슬픔에서 위로를, 모든 이의 마음을 시로 어루만져 주고 있는 조성범 시인.

엿치기,
지금은 없는 놀이지만
서로 엿가락은 부러뜨려
구멍이 큰 쪽이 이기는 내기다
작은 구멍을 조금이라도 더 키우려고
부러뜨릴 때 입으로 힘껏 바람을 분다
속이 꽉 찬 엿가락 속에는 구멍이 없다

실속이 없으면 구멍이 크다
쉽게 바람이 든다
엿가락을 들었다 찻! 훗!
큰 구멍이 더 커졌다
엿장수 옷소매가 헐렁하다
평생 바람만 들락거린
가난한 자의 구멍은 큰 데,
저 작은 구멍이 승자의 관문인데,
저 헐렁한 소매로 큰 구멍이 이긴다고
쌍 가위질 요란하다
—「구멍 대 구멍」 전문

시인의 말처럼 지금은 없는 놀이지만 어렴풋이 기억이 난다. 가난한 시절, 어떤 놀이를 통해 생의 시름을 해학적으로 풀어내는 모습이 보인다. 분명 힘들었을 시간이지만 시인은 그런 역동적인 삶의 모습을 엿치기를 통해 우리에게 상기시키고 있다. 시인은 추억의 구멍을 통해 우리에게 아름다운 도정道程을 그리게 한다. 이런 과정을 통해 문학의 현재성, 존재성을 연결하고 있는 듯하다.

누이는 자면서 가끔 잠꼬대를 했다. 오라이! 스톱!
하빠리 노동이 어떤 각오였다면 04시의 입김으로 손을 녹이는 일은 견딤이었다. 땅! 땅! 철판을 두드리던 그 파리한 손등을 녹여주랴,

(중략)

가끔 꿈을 꾼다. 누이의 시간을, 아무나 따라할 수 없는 구호와 놓치면 끝이라는 암시. 이런 일이 우리를 견인할 힘이라면 누이여! 그 파리한 시간을 되돌려 주랴. 시대여 이 강인한 영혼의 부재를 되돌려 주랴. 그러면 세상이 탄탄하랴.

—「부재」 부분

위의 시는 물질적 풍요만을 추구하는 현재 우리 모습에 경종을 울리고 있는 듯하다. 우리 사회의 우울과 단절은 대부분 물질만능주의에서 오는 이기적 현상이다. 가난한 자의 몸부림이 오늘을 있게 하였다면 가진 자의 군림이 당연시되어서는 안 된다. "시대여 이 강인한 영혼의 부재를 되돌려 주랴/ 그러면 세상이 탄탄하랴"라고 이 시대에 자문하는 짧은 말에서 시인의 생각과 자세를 가장 잘 엿볼 수 있다.

자신도 제대로 가누지 못하는 정신적 불구자인 우리에게 「부재」는 강한 메시지를 던지고 있다. 시인은 오늘도 마음의 창을 깨끗이 닦아준다. 자신의 의지를 새삼 확인할 수 있는 듯하다. 또한 조성범 시인의 하루는 영혼의 길을 찾는 연습의 연속이라고 해야 할까! 자기가 좋아하는 것이 분명 무엇인지 알고 찾아 가는 시인. 그 길이 참 아름답다.

오늘도 난 시인이 만든 사과 껍질의 길에 나서본다.

사과 껍질을 깎으면
길이 생긴다

끊어지지 않고 이어지는 길

길이 긴 날은
다녀간 사람도 많다

배웅을 하고 나면
길만 남는 길

사과 한 알이 준 길을 주섬주섬 담으면
빈 길 왜 더 붉은지

껍질이 많은 날은
허전함도 길다
—『길』 전문

나에게, 아니 우리에게 또 다른 길을 내어준 조성범 시인에게 사랑과 감사를 전한다.

조성범

시인 조성범은 경남 월평에서 태어나 그곳에서 약 100일을 보내고 지금까지 부산에서 살고 있다. 학부과정 외 전문분야의 일을 하기 위해 부경대 최고위과정, 부산생태귀농학교, 신라대 마을지도자과정을 수료하였고, 경영인 · 사회공헌활동가 · 생태학 · 교육협동조합에 관한 일을 하였다. 현재 한국문인협회 해양문학연구위원, 부산문인협회 사무국장, 부산시인협회 회원, 현대시문학 작가회 회장으로 활동하고 있으며, 늦은 나이지만 문학의 성취도를 높이기 위해 다시 대학 문예창작학과 공부를 하고 있다. 문학과 관련된 상으로는 한국해양문학상 공모전(최우수) · 보건복지부, 노인인력개발원 수기 · 에세이 공모전(최우수) · 금샘문학상 공모전(아동문학) · 정과정문학상 · 부산문학상 · 부산시단작품상 외 다수 문학상을 수상하였고, 비 문학상으로는 대통령휘호(2001년 김영삼) · 부산시장표창(2회) · 예총공로상 · 주요기관장 · 사회봉사단체상을 받았다.
시집으로는『갸우뚱』,『달그락 쨍그랑』,『결,』외 몇 권의 공저가 있다.

이메일 : csb8466@hanmail.net

조성범 시집

결,

발　　행　2019년 12월 23일
지 은 이　조성범
펴 낸 이　반송림
편집디자인　김지호
펴 낸 곳　도서출판 지혜 · 계간시전문지 애지
기획위원　반경환 이형권
주　　소　34624 대전광역시 동구 태전로 57, 2층 도서출판 지혜 (삼성동)
전　　화　042-625-1140
팩　　스　042-627-1140
전자우편　ejisarang@hanmail.net
애지카페　cafe.daum.net/ejiliterature

ISBN : 979-11-5728-382-8 03810
값 9,000원

* 본 도서는 2019년 부산광역시, 부산문화재단 지역문화예술특성화 지원사업으로 지원받았습니다.